Die Deutschprofis A2

Wörterheft

Ernst Klett Sprachen
Stuttgart

Bildquellen

Cover Corbis (Hero Images), Berlin; **4.1** Thinkstock (Kaycco), München; **4.2** Thinkstock (jumnong), München; **4.3** Dreamstime.com (Volodymyr Shevchuk), Brentwood, TN; **4.4** Thinkstock (serpla), München; **4.5** Thinkstock (Iya_Starikov), München; **4.6** Shutterstock (sanddebeautheil), New York; **4.7** Thinkstock (ozmax), München; **4.8** Shutterstock (Zoran Karapancev), New York; **6.1** Shutterstock (Jeanette Dietl), New York; **6.2** Thinkstock (Magdevski), München; **7.1** Thinkstock (gpointstudio), München; **7.2** Shutterstock (Ramona Heim), New York; **9** Thinkstock (Wavebreakmedia Ltd), München; **11** Shutterstock (AmazeinDesign), New York; **13.1** Fotolia.com (bst2012), New York; **13.2** Thinkstock (Jupiterimages), München; **13.3** Thinkstock (waldru), München; **15.1** Klett-Archiv (Stephan Klonk), Stuttgart; **15.2** Klett-Archiv (Stephan Klonk), Stuttgart; **16** Augsburger Allgemeine, Augsburg; **20** Shutterstock (AmazeinDesign), New York; **21.1** Shutterstock (Yanush), New York; **21.2** Thinkstock (ksena32), München; **22** Shutterstock (Max Topchii), New York; **23.1** Thinkstock (sunstock), München; **23.2** Shutterstock (Popartic), New York; **23.3** Thinkstock (artts), München; **23.4** Thinkstock (netopaek), München; **23.5** Shutterstock (Malachy666), New York; **23.6** Thinkstock (ruksil), München, **24.1** Thinkstock (Didier Kobi), München; **24.2** Thinkstock (Thomas Northcut), München; **24.3** Thinkstock (ppl58), München; **24.4** Thinkstock (kvsan), München; **24.5** Thinkstock (Grassetto), München; **25.1** Thinkstock (scanrail), München; **25.2** Thinkstock (Blackzheep), München; **25.3** Thinkstock (StockPhotosArt), München; **25.4** Thinkstock (prill), München; **26.1** Thinkstock (Anastasiya Maksymenko), München; **26.2** Thinkstock (romikmk), München; **26.3** Thinkstock (Nomadsoul1), München; **26.4** Thinkstock (exopixel), München; **28.1** Thinkstock (Sergey Borisov), München; **28.2** Thinkstock (TheYok), München; **28.3** Thinkstock (A_Lein), München; **28.4** Shutterstock (Sergiy Palamarchuk), New York; **29** Thinkstock (bluejayphoto), München; **30** Thinkstock (Sirikornt), München; **32.1** Thinkstock (Bob_Eastman), München; **32.2** Thinkstock (sunstock), München; **32.3** Thinkstock (DigtialStorm), München; **34.1** Thinkstock (ralfgosch), München; **34.2** Shutterstock (elxeneize), New York; **34.3** Thinkstock (Borisb17), München; **34.4** Thinkstock (Zoonar RF), München; **34.5** Thinkstock (ah_fotobox), München; **36** Thinkstock (BananaStock), München; **40** Thinkstock (Angela Jones), München; **42** Shutterstock (Silatip), New York; **43.1** Thinkstock (dionisvero), München; **43.2** Thinkstock (anna1311), München; **43.3** Thinkstock (yvdavyd), München; **43.4** Thinkstock (MariuszBlach), München; **43.5** Thinkstock (anna1311), München; **43.6** Thinkstock (dionisvero), München; **43.7** Thinkstock (unalozmen), München; **43.8** Thinkstock (Ninell_Art), München; **43.9** Thinkstock (Grafner), München; **44** Thinkstock (L_amica), München; **45** Shutterstock (LoveDesignShop), New York; **46** Thinkstock (k_kalinina), München; **47.1** Lisa Schäublin/NMBE; **47.2** Archiv GSB; **48** Thinkstock (ognianm), München; **49** Shutterstock (nevodka), New York; **50.1** Thinkstock (bonchan), München; **50.2** Thinkstock (mayakova), München; **50.3** Shutterstock (eehyun), New York; **50.4** Thinkstock (Winai_Tepsuttinun), München; **51.1** Thinkstock (arfo), München; **51.2** Imago (Müller-Stauffenberg), Berlin; **51.3** Imago (MiS), Berlin; **51.4** Shutterstock (Radu Razvan), New York; **52** Shutterstock (Nejron Photo), New York; **57.1** Shutterstock (Jaren Jai Wicklund), New York; **57.2** Thinkstock (Digital Vision), München

Informationen und zu diesem Titel passende Produkte finden Sie auf www.klett-sprachen.de/die-deutschprofis

Projektteam Elisabeth Kunze, Enikő Rabl
Herstellung Claudia Stumpfe
Satz Regina Krawatzki, Stuttgart
Illustrationen Vera Brüggemann, Bielefeld;
Zoltán Jécsai, Budapest (S. 12, 22, 32, 38/2, 44, 61)
Umschlaggestaltung Sabine Kaufmann
Reproduktionen Meyle + Müller, Medien-Management, Pforzheim

1. Auflage 1 [11] [10] [9] | 2026 25 24

Druck und Bindung Elanders Waiblingen GmbH

ISBN: 978-3-12-676482-7

9 783126 764827

INHALT

1 MEINE ERLEBNISSE 4

2 MEINE FREUNDE 8

3 DAS KANN ICH AM BESTEN 13

4 WIE GEHT'S DENN SO? 18

5 FRÜHER UND JETZT 23

6 AUF KLASSENFAHRT 28

7 SO LEBEN WIR 34

8 UNTERWEGS IN DER STADT 39

9 KOMM MIT IN DIE SCHWEIZ 45

10 AUS ALTEN ZEITEN 51

11 DAS FINDE ICH SPANNEND 57

12 SO IST SCHULE BEI UNS 62

das **Erlebnis**, die Erlebnisse

Wir waren am Wochenende in Berlin. Das war ein schönes Erlebnis!

_____

das **Souvenir**, die Souvenirs

Das Souvenir ist aus Berlin.

_____

die **Trommel**, die Trommeln

_____

die **Muschel**, die Muscheln

_____

das **Taschenmesser**, die Taschenmesser

_____

die **Puppe**, die Puppen

_____

das **Freundschaftsbändchen**, die Freundschaftsbändchen

_____

die **Mütze**, die Mützen

_____

der **Schlüsselanhänger**, die Schlüsselanhänger

_____

die **Tasse**, die Tassen

_____

Länder

Ägypten

Peru

China

Russland

Frankreich

Spanien

Ghana

die **Türkei**

Griechenland

die **USA** (Pl.)

Mexiko

weich	Das Stofftier ist ganz weich.	
hart	Der Stein ist hart.	
scharf	Das Messer ist scharf.	

Mein Souvenir

die **Stadtrundfahrt**, die Stadtrundfahrten	Wir haben eine Stadtrundfahrt gemacht.	
der **Laden**, die Läden	In dem Laden gibt es Souvenirs.	
das **Taschengeld**, die Taschengelder	Ich bekomme 10 Euro Taschengeld im Monat.	
der **Strand**, die Strände	Am Strand gibt es viele Muscheln.	
das **Nest**, die Nester	Vögel und Schildkröten bauen Nester.	

die **Schifffahrt**, die Schifffahrten	Wir haben auf dem See eine Schifffahrt gemacht.	_____
der **Flughafen**, die Flughäfen	Am Flughafen gibt es viele Souvenirläden.	_____
zu Besuch	Am Sonntag ist meine Oma zu Besuch.	_____
ein bisschen	Im Flugzeug hatte ich ein bisschen Angst.	_____
überall	In der Stadt sind überall Autos.	_____
typisch	Die Pizza ist typisch italienisch.	_____
das **Holz**	Der Tisch ist aus Holz.	_____

Projekttage an der Schule

das **Projekt**, die Projekte	Ich finde das Holz-Projekt toll.	_____
die **Werkstatt**, die Werkstätten	Beim Holz-Projekt arbeiten die Kinder in der Werkstatt.	_____
der **Tanz**, die Tänze	Ich habe einen Tanz gelernt.	_____
der **Engel**, die Engel		_____

der **Stein**, die Steine		_____

sammeln, sammelt, hat gesammelt	Ich sammle Muscheln am Strand.	_____
So ein Quatsch!	So ein Quatsch! Das glaube ich nicht.	_____

Tolles Wochenende!?

der **See**, die Seen	Wir fahren am Sonntag an den See. _____
sonnig	Das Wetter ist sonnig und warm. _____
das **Restaurant**, die Restaurants	Wir essen manchmal im Restaurant. _____
danach	Wir waren schwimmen. Danach hatten wir Hunger. _____
wach	Am Wochenende kann ich abends lange wach bleiben. _____
bleiben, bleibt, ist geblieben	Wir bleiben heute zu Hause. _____
der **Wald**, die Wälder	Im Wald gibt es viele Tiere und Pflanzen. _____
die **Wanderung**, die Wanderungen	Machen wir am Wochenende eine Wanderung im Wald? _____
der **Pilz**, die Pilze	Wir haben im Wald Pilze gesammelt. _____
angeln, angelt, hat geangelt	Wir waren am See und wir haben geangelt. _____
fangen, fängt, hat gefangen	Hast du einen Fisch gefangen? _____
das **Lagerfeuer**, die Lagerfeuer	Am Abend machen wir ein Lagerfeuer. _____
Bis morgen!	Tschüss, bis morgen! _____

das **Haar**, die Haare	Meine Haare sind braun.	_____
blond	Deine Haare sind blond.	_____
glatt	Meine Freundin hat glatte schwarze Haare.	_____
sportlich	Mein bester Freund spielt Fußball. Er ist sehr sportlich.	_____
cool	Das T-Shirt sieht cool aus.	_____
aussehen, sieht aus, hat ausgesehen	Du siehst heute gut aus.	_____

Freunde sind wichtig

befreundet sein	Ich bin mit … befreundet.	_____
trainieren, trainiert, hat trainiert	Ich trainiere zweimal die Woche Handball.	_____
verbringen, verbringt, hat verbracht	Ich verbringe viel Zeit mit Freunden.	_____
reden, redet, hat geredet	Mit Freunden redet man über alles.	_____
gleich	Mein Freund und ich haben das gleiche Hobby.	_____
das **Interesse**, die Interessen	Habt ihr die gleichen Interessen?	_____
zum Beispiel	Wir hören zum Beispiel beide gern Rap-Musik.	_____
wichtig	Freunde sind wichtig.	_____
unwichtig	Mein Freund muss nicht schön sein. Das ist unwichtig.	_____

fleißig   Nina lernt viel.
Sie ist fleißig.   _____

klug   Sarah liest viel. Sie ist klug.   _____

ruhig   Karl redet nicht viel. Er ist
ganz ruhig.   _____

witzig   Philipp ist sehr witzig. Wir
lachen viel.   _____

mutig   Max hat nie Angst.
Er ist sehr mutig.   _____

ehrlich   Stimmt das? Sag es bitte
ehrlich.   _____

stark   Lisa trainiert viel.
Sie ist ganz stark.   _____

schüchtern   Tom ist neu in der Klasse. Er ist
noch ein bisschen schüchtern. _____

die **Freundschaft**,   Unsere Freundschaft ist perfekt. _____
die Freundschaften

jeden Tag	Wir telefonieren jeden Tag.	_____
zweimal in der Woche	Ich sehe meine Freundin zweimal in der Woche.	_____
jedes Wochenende	Ich habe jedes Wochenende Training.	_____
der **Streit**	Ich habe oft Streit mit meinem Bruder.	_____
wissen, weiß, hat gewusst	Schule ist wichtig, das wissen wir.	_____
Ja, natürlich!	Verbringst du viel Zeit mit Freunden? – Ja, natürlich.	_____
meistens	Siehst du deine Freunde am Wochenende? – Ja, meistens.	_____
allein	Manchmal bin ich allein zu Hause.	_____
perfekt	Niemand ist perfekt.	_____
weil	Ich bin glücklich, weil du mich magst.	_____
niemand	Niemand kennt mich so gut wie du!	_____
zusammenhalten, hält zusammen, hat zusammengehalten	Freunde halten auch bei Problemen zusammen.	_____
streiten, streitet, hat gestritten	Manchmal streiten auch Freunde.	_____
einander	Freunde helfen einander.	_____
füreinander	Freunde sind immer füreinander da.	_____

Echte Freundschaft

ẹcht
Du hilfst mir immer. Das ist echte Freundschaft.
_____

ụmziehen, zieht ụm, ist ụmgezogen
Tina wohnt nicht mehr in München, sie ist umgezogen.
_____

vermịssen, vermịsst, hat vermịsst
Du warst gestern nicht da. Ich habe dich vermisst.
_____

trａｕrig
Sonja ist traurig, weil sie Streit hatte.
_____

lẹtzter, lẹtztes, lẹtzte
Letzte Woche war ich krank.
_____

letztes Jａhr
Letztes Jahr sind wir umgezogen.
_____

wẹchseln, wẹchselt, hat gewẹchselt
Dennis hat die Schule gewechselt.
_____

kẹnnenlernen, lernt kẹnnen, hat kẹnnengelernt
Ich habe schnell neue Freunde kennengelernt.
_____

weｉnen, weｉnt, hat geweｉnt
Manchmal bin ich traurig und ich muss sogar weinen.
_____

sogａr
_____

die Meｉnung, die Meｉnungen
Freunde haben nicht immer die gleiche Meinung.
_____

schlịmm
Das ist nicht schlimm.
_____

miteinạnder
Wir reden viel miteinander.
_____

passｉeren, passｉert, ist passｉert
Was ist passiert?
_____

die Situatｉon, die Situatｉonen
Ich kenne die Situation.
_____

löｓen, löｓt, hat gelöｓt
Ich habe alle Aufgaben richtig gelöst.
_____

die Nｏte, die Nｏten
Ich habe eine gute Note bekommen.
_____

Freunde in Buch und Film

jedes Jahr	Wir fahren jedes Jahr ans Meer.	_____
spannend	Der Film ist sehr spannend.	_____
das **Abenteuer**, die Abenteuer	Die Freunde erleben zusammen viele Abenteuer.	_____
warten, wartet, hat gewartet	Wo bist du? Ich warte auf dich.	_____
einen **Film drehen**, dreht, hat gedreht	Die Schauspielerin dreht einen neuen Film.	_____
dabei sein	Ich war nicht allein, meine Schwester war auch dabei.	_____
der **Traumberuf**, die Traumberufe	Ich möchte Schauspieler werden, das ist mein Traumberuf.	_____
stolz	Die Eltern sind stolz auf die Tochter.	_____
normal	Die Schauspielerin geht auch zur Schule, das ist ganz normal.	_____
die **Erfahrung**, die Erfahrungen	Das Projekt war eine tolle Erfahrung!	_____
das **Team**, die Teams	Unsere Klasse ist ein gutes Team.	_____
verpassen, verpasst, hat verpasst	Ich war krank, ich habe eine Woche Schule verpasst.	_____
anmelden, meldet an, hat angemeldet	Meine Eltern haben mich für die Projekttage angemeldet.	_____
die **Leute** (Pl.)	Im Kino waren viele Leute.	_____
eigentlich	Wann Freunde wichtig sind? Eigentlich immer!	_____

der **Turm**, die Türme

Kannst du vom Turm springen?

_____

Skateboard fahren, fährt, ist gefahren

Er fährt gern Skateboard.

_____

Breakdance machen, macht, hat gemacht

Er macht gern Breakdance.

_____

denken, denkt, hat gedacht

Ich denke, das Mädchen kann gut reiten.

_____

glauben, glaubt, hat geglaubt

Was glaubst du?

_____

noch nicht

Ich glaube, sie kann noch nicht so gut reiten.

_____

schon

Ich kann schon sehr gut Schlittschuh laufen.

_____

Das habe ich geschafft!

der **Wunsch**, die Wünsche	Mein größter Wunsch ist ein Pferd.	_____
schenken, schenkt, hat geschenkt	Was schenkst du Lea zum Geburtstag?	_____
üben, übt, hat geübt	Ich muss jeden Tag Gitarre üben.	_____
zeigen, zeigt, hat gezeigt	Zeigst du mir dein Einrad?	_____
selbst	Ich kann schon selbst reiten, ich brauche keine Hilfe.	_____
zum ersten Mal	Gestern bin ich zum ersten Mal Schlittschuh gelaufen.	_____

Darauf bin ich stolz.

auslachen, lacht aus, hat ausgelacht	Meine Schwester hat mich zuerst ausgelacht.	_____
sagen, sagt, hat gesagt	Was hast du gesagt?	_____
jetzt	Jetzt übe ich mit meiner Lehrerin.	_____
hinfallen, fällt hin, ist hingefallen	Am Anfang bin ich oft hingefallen.	_____
der **Trick**, die Tricks	Mein Bruder hat mir einen Trick gezeigt.	_____
schaffen, schafft, hat geschafft	Ich kann Einrad fahren – ich habe es geschafft!	_____
die **Piste**, die Pisten	Auf der Piste kann man Ski fahren.	_____
die **Reise**, die Reisen	Machst du eine Reise in den Ferien?	_____
organisieren, organisiert, hat organisiert	Hast du schon die Reise organisiert?	_____

der **Fehler**, die Fehler   Ich mache noch viele Fehler.   _____

korrigieren, korrigiert,   Der Lehrer korrigiert die Fehler.   _____
hat korrigiert

Wer kann es besser?

die **Geschwister** (Pl.)   Ich habe zwei Geschwister: _____
     einen Bruder und eine Schwester.

als   Mein Bruder ist älter als ich.   _____

genauso   Meine Schwester ist genauso   _____
     alt wie ich. Wir sind Zwillinge.
wie   _____

der **Zwilling**, die Zwillinge   _____

der **Fuß**, die Füße   _____

die **Hand**, die Hände   _____

Ja, genau!   Wir sind cool! – Ja, genau!   _____

Du hast recht.   _____

Das ist Unsinn.   _____

Das stimmt nicht.   _____

anders   So ist es nicht. Das sehe ich   _____
     anders.

Lustige Rekorde

der **Rekord**, die Rekorde   Was ist dein Rekord im   _____
     100-Meter-Lauf?

das **Rätsel**, die Rätsel   Kannst du das Rätsel lösen?   _____

das **Gedicht**, die Gedichte   Lernt das Gedicht!   _____

tief	Welcher See ist am tiefsten?	_____
die **Erde**	Die Erde ist rund.	_____
die **Antarktis**	In der Antarktis ist es sehr kalt.	_____
der **Ozean**, die Ozeane	Im Ozean leben viele Fische.	_____
schief	Der Turm von Pisa ist schief.	_____

hoch	Welcher Berg ist am höchsten?	_____

der **Stern**, die Sterne		_____

leuchten, leuchtet, hat geleuchtet	Sterne sind hell und leuchten in der Nacht.	_____
der **Himmel**	Siehst du die Sterne am Himmel?	_____
der **Luftballon**, die Luftballons	Wer bläst am schnellsten den Luftballon auf?	_____
weit	Wie weit ist es bis an die Antarktis?	_____
der **Rapper**, die Rapper	Cebrail und Mert sind Deutschlands jüngste Rapper.	_____

jung	Mert ist erst 8 Jahre alt. Er ist sehr jung.	_____
beide	Die beiden Brüder haben das gleiche Hobby.	_____
rappen, rappt, hat gerappt	Sie rappen auf der Bühne.	_____
der **Cousin**, die Cousins	Ihr Cousin schreibt die Songs.	_____
der **Song**, die Songs	Sie singen ihre Songs auf Deutsch.	_____
die **E-Mail**, die E-Mails	Jeden Tag bekommen sie E-Mails von Fans.	_____
der **Fan**, die Fans	Die Rapper haben viele Fans.	_____
die **CD**, die CDs	Auf der CD sind 12 Songs.	_____

Es geht mir gut!

nicht mehr

Ich bin so müde, ich kann nicht mehr.

_____

der **Körperteil**,
die Körperteile

Hände und Füße sind Körperteile.

_____

der **Mund**, die Münder

der **Hals**, die Hälse

der **Arm**, die Arme

die **Schulter**, die Schultern

der **Finger**, die Finger

die **Brust**, die Brüste

zu

Das T-Shirt passt nicht mehr, es ist zu klein.

_____

Wie geht es euch?

_____

Wie geht es Ihnen?

_____

wehtun, tut weh,
hat wehgetan

Mein Kopf tut weh.

_____

der **Schmerz**,
die Schmerzen

Ich habe Kopfschmerzen.

_____

der **Husten**

Hast du auch Husten?

_____

der **Schnupfen**

Meine Nase läuft, ich habe einen Schnupfen.

_____

die **Erkältung**,
die Erkältungen

Bei einer Erkältung hat man Husten, Schnupfen und Halsschmerzen.

_____

Gesundheit!

Hatschi!

der **Körper**, die Körper	Bei einer Erkältung braucht der Körper Ruhe.
schwitzen, schwitzt, hat geschwitzt	Mir ist so warm. Ich schwitze!
verlieren, verliert, hat verloren	Wenn man schwitzt, verliert der Körper viel Wasser.
schlapp	Ich habe zu wenig geschlafen, ich fühle mich schlapp.
die **Ruhe**	Es ist zu laut. Ruhe bitte!
der **Schlaf**	Viel Schlaf ist die beste Medizin bei einer Erkältung.
die **Medizin**	
die **Temperatur**, die Temperaturen	Ist dir warm? Dann miss deine Körpertemperatur.
der **Grad**	Über 38 Grad hat man Fieber.
das **Thermometer**, die Thermometer	Das Thermometer zeigt die Körpertemperatur an.
das **Fieber**	Du bist so rot. Hast du Fieber?
einatmen, atmet ein, hat eingeatmet	Atme bitte tief ein.
husten, hustet, hat gehustet	Trink einen Tee, dann hustest du nicht so viel.
der **Tropfen**, die Tropfen	Nasentropfen machen die Nase frei.
der **Arzt**, die Ärzte	Wenn du Fieber hast, musst du zum Arzt gehen.
Fieber messen, misst, hat gemessen	Dein Kopf ist ganz heiß. Wir müssen Fieber messen.

genug	Wenn man krank ist, muss man genug trinken.	_____
Gute Bẹsserung!		_____
Ich fühle mich schlạpp.		_____
Ich bin erkạ̈ltet.		_____
Meine Nạse läuft.		_____
die **Energiẹ**	Ich bin schlapp, ich habe keine Energie.	_____
Au!		_____
der **Zạhn**, die Zạ̈hne	Au! Mein Zahn tut weh.	_____
die **Sprịtze**, die Sprịtzen		_____

Ich bin froh, wenn . . .

Ich habe gụte Laune.		_____
Ich habe schlẹchte Laune.		_____
frọh	Ich bin froh.	_____
wụ̈tend	Ich bin wütend.	_____
wẹnn	Ich bin froh, wenn ich Ferien habe.	_____
trẹffen, trịfft, hat getrọffen	Ich treffe jeden Tag meine Freunde.	_____
gewịnnen, gewịnnt, hat gewọnnen	Wenn ich das Spiel nicht gewinne, bin ich wütend.	_____

Au, das tut weh!

Was fehlt dir? _____

den Arm brechen, bricht, hat gebrochen — Tobias ist hingefallen und er hat den Arm gebrochen. _____

das **Krankenhaus**, die Krankenhäuser — Man muss ins Krankenhaus, wenn man sehr krank ist. _____

verschreiben, verschreibt, hat verschrieben — Der Arzt verschreibt Medikamente. _____

die **Salbe**, die Salben _____

die **Tablette**, die Tabletten _____

gegen — Die Tabletten helfen gegen die Schmerzen. _____

dürfen, darf — Ich darf keinen Sport machen. _____

der **Verband**, die Verbände — Ich muss eine Woche einen Verband tragen. _____

regelmäßig — Du musst die Tabletten regelmäßig nehmen. _____

bewegen, bewegt, hat bewegt — Ich kann meinen Arm nicht bewegen. _____

der **Unfall**, die Unfälle — Hattest du einen Unfall? _____

verletzen, verletzt, hat verletzt — Ich habe meinen Fuß verletzt. _____

erst — Du musst erst die Fahrtechnik lernen, dann darfst du allein fahren. _____

ohne — Man darf nie ohne Helm Rad fahren! _____

die **Schutzausrüstung**, die Schutzausrüstungen	Ohne Schutzausrüstung darf man nicht inlineskaten.	_____
inlineskaten, inlineskatet, ist inlinegeskatet		_____
sicher	Du musst erst sicher fahren, dann darfst du mit dem Fahrrad zur Schule.	_____
der **Kurs**, die Kurse	Ich mache einen Kurs zum Inlineskaten.	_____
die **Inlineskates** (Pl.)		_____
der **Fußgänger**, die Fußgänger	Man darf nicht schneller sein als die Fußgänger.	_____
der **Sturz**, die Stürze	Nach dem Sturz war ich im Krankenhaus.	_____
schützen, schützt, hat geschützt	Ein Helm schützt den Kopf.	_____
die **Verletzung**, die Verletzungen	Lange Hosen schützen vor Verletzungen.	_____
müde	Es ist spät. Ich bin sehr müde.	_____

das **Springseil**,
die Springseile

_____

der **Zauberwürfel**,
die Zauberwürfel

_____

die **Spielkonsole**,
die Spielkonsolen

_____

die **Modelleisenbahn**,
die Modelleisenbahnen

_____

das **Brettspiel**,
die Brettspiele

_____

das **Jo-Jo**, die Jo-Jos

_____

vielleicht   Ich weiß es nicht genau, aber   _____
                     vielleicht kenne ich das Spiel.

beliebt   Welches Spiel ist in eurer   _____
                     Klasse beliebt?

Leben ohne Handy und Computer

das **Leben**, die Leben   Wie war das Leben früher?   _____

früher   Früher hatten wir kein Handy.   _____

die **Geschichte**,   Liest du mir eine Geschichte   _____
die Geschichten   vor?

das **Spielzeug**,   Das Jo-Jo war mein   _____
die Spielzeuge   Lieblingsspielzeug.

die **Freizeit**   In meiner Freizeit mache ich   _____
                             Sport.

das **Gerät**, die Geräte   Welche Geräte habt ihr
zu Hause? _____

der **Fernseher**, die Fernseher _____

das **Telefon**, die Telefone _____

das **Radio**, die Radios _____

die **Waschmaschine**,
die Waschmaschinen _____

der **Kühlschrank**,
die Kühlschränke _____

bestimmt   Meine Großeltern hatten
bestimmt keinen Computer. _____

erzählen, erzählt,
hat erzählt   Oma erzählt gern Geschichten
von früher. _____

eigener, **eigenes**, **eigene**   Hast du ein eigenes Zimmer? _____

dass   Eva erzählt, dass ihre Oma
kein Fahrrad hatte. _____

hoffen, hofft, hat gehofft   Ich hoffe, dass man in 20 Jahren _____
auf den Mond fliegen kann.

Ich hatte keine Ahnung.   Ich hatte keine Ahnung, dass _____
du krank warst.

Ich finde es schade.   Ich finde es schade, dass ich _____
kein Instrument spiele.

Ich bin überrascht.   Ich bin überrascht, dass morgen _____
schon Wochenende ist.

der **Laptop**, die Laptops

das **Tablet**, die Tablets

der **MP3-Player**,
die MP3-Player

Wie war es früher?

der **Nachbar**, die Nachbarn	Unsere Nachbarn im Haus sind nett.	
streng	Früher waren die Lehrer sehr streng.	
ordentlich	Die Schüler mussten ordentlich auf dem Stuhl sitzen.	
anstrengend	Wir mussten 5 Stunden still sitzen. Das war anstrengend.	
die **Toilette**, die Toiletten	Entschuldigung, wo ist die Toilette?	
die **Schüssel**, die Schüsseln		
waschen, wäscht, hat gewaschen	Früher hat man alles in einer Schüssel gewaschen.	
der **Herd**, die Herde	Das Essen steht auf dem Herd.	
aufwärmen, wärmt auf, hat aufgewärmt	Ich wärme das Essen auf dem Herd auf.	

der **Rọck**, die Rọ̈cke   Das Mädchen trägt einen Rock.   _____

das **Kleid**, die Kleider   _____

frieren, friert, hat gefroren   Es ist kalt, ich friere.   _____

die **Zạ̈hne putzen**, putzt,   Wir putzen morgens und   _____
hat geputzt   abends die Zähne.

pạcken, pạckt, hat gepạckt Du musst noch deine   _____
                                Schultasche packen.

Leben auf dem Bauernhof

die **Mọ̈hre**, die Mọ̈hren   _____

die **Kartọffel**, die Kartọffeln   _____

die **Ạrbeit**, die Ạrbeiten   Auf einem Bauernhof gibt es   _____
                                viel Arbeit.

der **Mạrkt**, die Mạ̈rkte   Auf dem Markt kann man Obst   _____
                                und Gemüse kaufen.

ẹrnten, ẹrntet,   Hannah erntet mit ihren Eltern   _____
hat geẹrntet   Kartoffeln.

dọof   Hannah muss immer helfen.   _____
                                Das findet sie manchmal doof.

das **Kạlb**, die Kạ̈lber   Hannah füttert gern die Kälber.   _____

der **Eimer**, die Eimer   Das Futter für die Tiere ist im   _____
                                Eimer.

das **Heu**   Kühe und Pferde fressen Heu.   _____

verkaufen, verkauft, hat verkauft

Hannahs Mutter verkauft Brot auf dem Markt.

_____

herstellen, stellt her, hat hergestellt

Aus Milch stellt man Käse und Joghurt her.

_____

zeigen, zeigt, hat gezeigt

Hannah zeigt ihren Freundinnen den Hof.

_____

der **Apotheker**, die Apotheker

Ein Apotheker verkauft Medikamente.

_____

die **Apothekerin**, die Apothekerinnen

_____

Wir entdecken die Stadt

das **Rathaus**, die Rathäuser	Das Rathaus steht auf dem Marktplatz.	_____
der **Dom**, die Dome		_____
der **Fluss**, die Flüsse	Über dem Fluss ist eine Brücke.	_____
die **Brücke**, die Brücken		_____
die **Burg**, die Burgen		_____
die **Festung**, die Festungen	Die Festung Hohensalzburg steht auf einem Berg.	_____
entdecken, entdeckt, hat entdeckt	Bei einer Stadtrallye haben die Schüler die Stadt entdeckt.	_____
das **Geburtshaus**	Das Geburtshaus von Mozart ist in Salzburg. 	_____
die **Gasse**, die Gassen	Eine Gasse ist kleiner als eine Straße. 	_____
der **Brunnen**, die Brunnen	Im Brunnen ist Wasser.	_____

das **Schloss**, die Schlösser	Im Schloss haben früher Könige gewohnt.	_____

die **Klassenfahrt**, die Klassenfahrten	Im Mai fahren wir nach Salzburg auf Klassenfahrt!	_____
das **Tagebuch**, die Tagebücher	Wir schreiben ein Tagebuch über die Klassenfahrt.	_____
erleben, erlebt, hat erlebt	Die Klassenfahrt war super, wir haben viel erlebt.	_____
besichtigen, besichtigt, hat besichtigt	Wir haben die Altstadt besichtigt.	_____
die **Fahrt**, die Fahrten	Die Busfahrt war lang.	_____
ankommen, kommt an, ist angekommen	Wir sind um 11 Uhr mit dem Bus angekommen.	_____
der **Ausflug**, die Ausflüge	Heute machen wir einen Ausflug in den Zoo.	_____
anschauen, schaut an, hat angeschaut	Wir schauen ein Schloss an.	_____
auspacken, packt aus, hat ausgepackt	Wir packen unsere Koffer aus.	_____
die **Rallye**, die Rallyes	Wir haben eine Rallye durch die Stadt gemacht.	_____
wieder	Nach einer Woche sind wir wieder nach Hause gefahren.	_____
das **Stadtzentrum**, die Stadtzentren	Im Stadtzentrum gibt es viele Läden.	_____
berühmt	Mozart ist in der ganzen Welt berühmt.	_____

die **Richtung**, die Richtungen	Nach rechts oder nach links? In welche Richtung müssen wir gehen?	_____
nass	Es regnet. Ich bin schon ganz nass!	_____
der **Prinz**, die Prinzen	Der Prinz tanzt mit der Prinzessin.	_____
die **Prinzessin**, die Prinzessinnen		_____
anprobieren, probiert an, hat anprobiert	Probier mal das Kleid an.	_____
grillen, grillt, hat gegrillt	Grillen wir heute Abend?	_____
das **Würstchen**, die Würstchen	Ich möchte gern Würstchen essen.	_____
Tischtennis spielen, spielt, hat gespielt		_____
die **Oper**, die Opern	„Die Zauberflöte" ist eine Oper von Mozart.	_____
verstehen, versteht, hat verstanden	Den Text haben wir nicht immer verstanden.	_____
die **Führung**, die Führungen	Wir haben eine Führung im Museum gemacht.	_____
unterwegs	Wir sind nach Hause gefahren. Unterwegs haben wir geschlafen.	_____

Wie kommen wir zum . . .?

der **Stạdtplan**,
die Stạdtpläne

Zeig mir den Weg auf dem Stadtplan.

_____

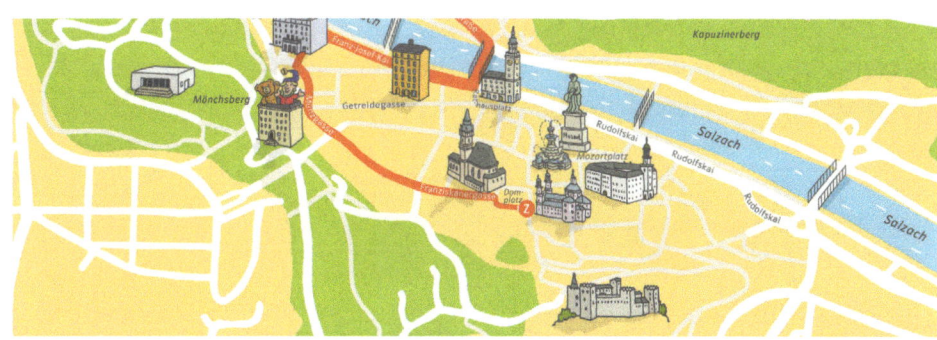

Entschụldigen Sie!

_____

Wie kọmme ich zum / zur . . .?

Wie komme ich zum Museum?

_____

geradeaus

Geh geradeaus.

_____

lịnks

Geh an der Kirche nach links.

_____

rẹchts

Geh am Museum nach rechts.

_____

bis zụ

Geh bis zum Park.

_____

einfach

Der Weg ist ganz einfach.

_____

ạlso

Also zuerst nach rechts und dann geradeaus.

_____

genau

Genau. Das stimmt.

_____

Wo?

über	Das Flugzeug fliegt über dem Fluss.
unter	Unter der Brücke fährt ein Schiff.
vor	Die Kinder stehen vor dem Denkmal.
hinter	Hinter dem Denkmal ist eine Bank.
zwischen	Maja steht zwischen Leo und Felix.
neben	Der Hund ist neben der Bank.

der **Pilot**, die Piloten	Der Pilot fliegt das Flugzeug.	_____
das **Denkmal**, die Denkmäler	Am Fluss steht ein Denkmal.	_____
die **Bank**, die Bänke	Die Bank steht zwischen den Bäumen.	_____
die **Sehenswürdigkeit**, die Sehenswürdigkeiten	Salzburg hat viele Sehenswürdigkeiten.	_____
das **Café**, die Cafés	Im Café gibt es Kuchen.	_____
der **Marktplatz**, die Marktplätze	Das Rathaus steht auf dem Marktplatz.	_____
Es ist viel los.		_____

Im Museum

der / die **Erwạchsene**, die Erwạchsenen / – Erwạchsene
Ein Ticket für Erwachsene kostet 6 Euro.
_____

das **Aquạrium**, die Aquạrien
Im Aquarium gibt es viele Fische.
_____

das **Bẹcken**, die Bẹcken
Im Becken sind 40 Liter Wasser.
_____

der **Lịter**, die Lịter (l)
_____

der **Wẹltraum**
Im Weltraum sind die Planeten.
_____

erfạhren, erfạhrt, hat erfạhren
Im Museum erfährt man viel Interessantes.
_____

das **Reptịl**, die Reptịlien
Ein Krokodil ist ein Reptil.
_____

der **Alligạtor**, die Alligạtoren
_____

der **Wạl**, die Wạle
_____

der **Hại**, die Hại e
_____

die **Fụ̈tterung**, die Fụ̈tterungen
Im Zoo kann man Fütterungen sehen.
_____

insgesạmt
Im Aquarium schwimmen insgesamt 40 Fische.
_____

der **Musẹumsführer**, die Musẹumsführer
Der Museumsführer zeigt uns das Museum.
_____

das **Tịcket**, die Tịckets
Das Ticket kostet 6 Euro.
_____

geọ̈ffnet sein
Das Museum ist heute geöffnet.
_____

họ̈flich
Sprich bitte höflich.
_____

das **Hochhaus**,
die H__o__chhäuser

Ich wohne in einem Hochhaus. _____

das **Reihenhaus**,
die R__ei__henhäuser

_____

das **Fachwerkhaus**,
die F__a__chwerkhäuser

_____

das **Einfamilienhaus**,
die __Ei__nfamilienhäuser

Unser Einfamilienhaus hat
einen großen Garten.

_____

das **Mehrfamilienhaus**,
die M__eh__rfamilienhäuser

In dem Mehrfamilienhaus
wohnen vier Familien.

_____

das **Erdgeschoss**,
die __E__rdgeschosse

Die Haustür ist im Erdgeschoss. _____

der **Stock**, die St__o__ckwerke

Unsere Wohnung liegt im
dritten Stock.

_____

im __e__rsten Stock

_____

Guck mal aus dem Fenster

gucken, guckt, hat geguckt Ich gucke gern aus dem Fenster. _____

der **Straßenrand**, Lisa steht am Straßenrand _____
die Straßenränder und wartet auf den Bus.

parken, parkt, hat geparkt Das Auto parkt vor dem Haus. _____

an der Ecke Ich wohne an der Ecke _____
  Schubertstraße und
  Ludwigstraße.

die **Tischtennisplatte**, Auf dem Schulhof steht eine _____
die Tischtennisplatten Tischtennisplatte.

in der Nähe Die Schule ist nicht weit, sie ist _____
  in der Nähe.

der **Kindergarten**, Anna ist 4 Jahre alt und geht _____
die Kindergärten in den Kindergarten.

die **Bäckerei**, Marco kauft Brötchen in der _____
die Bäckereien Bäckerei.

die **Schaukel**, Auf dem Spielplatz gibt es _____
die Schaukeln eine Schaukel.

die **Aussicht**, Auf dem Turm hast du eine _____
die Aussichten gute Aussicht.

dieser, dieses, diese In diesem Haus wohne ich. _____

hin Wo gehst du hin? _____

her Komm her! _____

hineingehen, geht hinein, Die Tür ist offen. Gehen Sie _____
ist hineingegangen hinein.

herauskommen, Wir warten vor der Tür. _____
kommt heraus, Kommst du heraus?
ist herausgekommen

herumhüpfen, hüpft herum, Anna hüpft auf einem Bein im _____
ist herumgehüpft Zimmer herum.

Wohnen auf der Hallig

die **Halbinsel**, die Halbinseln	Spanien liegt auf der Iberischen Halbinsel.	_____
die **Nordsee**	Die Insel Sylt liegt in der Nordsee.	_____
transportieren, transportiert, hat transportiert	Wir transportieren die Möbel mit dem Auto.	_____
die **Möbel** (Pl.)	Stühle, Tische und Schränke sind Möbel.	_____
der **Neffe**, die Neffen	Mein Neffe ist der Sohn von meiner Schwester.	_____
herumfahren, fährt herum, ist herumgefahren	Wir fahren den ganzen Tag mit dem Fahrrad herum.	_____
das **Ufer**, die Ufer	Wir sammeln am Ufer Muscheln.	_____
fallen, fällt, ist gefallen	Der Apfel ist vom Baum gefallen.	_____
der **Hafen**, die Häfen	Im Hafen liegen viele große Schiffe	_____
das **Boot**, die Boote	und kleine Boote.	_____
das **Schaf**, die Schafe		_____

die **Weide**, die Weiden	Die Schafe stehen auf der Weide.	_____
holen, holt, hat geholt	Bei Flut müssen wir die Schafe von der Weide holen.	_____
die **Flut**, die Fluten		_____
Mit wem?	Mit wem bist du befreundet?	_____

Hilfe, ich muss aufräumen!

Hilfe! _____

stören, stört, hat gestört   Die Musik stört mich nicht. _____

die Unordnung   In dieser Unordnung kann ich nichts finden. _____

die Ordnung   Auf meinem Schreibtisch ist immer Ordnung. _____

die Klamotten (umgangssprachlich, Pl.)   Überall liegen Klamotten im Zimmer. _____

die Kleidung   Daniel räumt die Kleidung in den Schrank. _____

die Lösung, die Lösungen   Hast du eine Lösung für dieses Problem? _____

erklären, erklärt, hat erklärt   Ich erkläre meinen Eltern mein System. _____

unordentlich   Der Schreibtisch ist unordentlich. _____

nehmen, nimmt, hat genommen   Nimm zwei Kisten und sortiere die Sachen. _____

die Kiste, die Kisten _____

sortieren, sortiert, hat sortiert   Ich sortiere meine Schulhefte. _____

der Müll   Der Müll kommt in den Eimer. _____

die Vase, die Vasen   Die Blumen kommen in die Vase. _____

der Teddy, die Teddys _____

die **Komm<u>o</u>de**,
die Komm<u>o</u>den

_____

das **S<u>o</u>fa**, die S<u>o</u>fas

_____

das **K<u>i</u>ssen**, die K<u>i</u>ssen

Das Kissen kommt auf das Sofa.

_____

Ich habe keine W<u>a</u>hl.

_____

j<u>e</u>mand

Ich schaffe es nicht allein. Kann mir jemand helfen?

_____

f<u>e</u>rtig

Ich habe alles gemacht, ich bin fertig.

_____

l<u>e</u>gen, l<u>e</u>gt, hat gel<u>e</u>gt

Ich lege das Handy auf den Tisch.

_____

st<u>e</u>llen, st<u>e</u>llt, hat gest<u>e</u>llt

Ich stelle die Blumen in die Vase.

_____

h<u>ä</u>ngen, h<u>ä</u>ngt, hat geh<u>ä</u>ngt

Ich hänge das Poster an die Tür.

_____

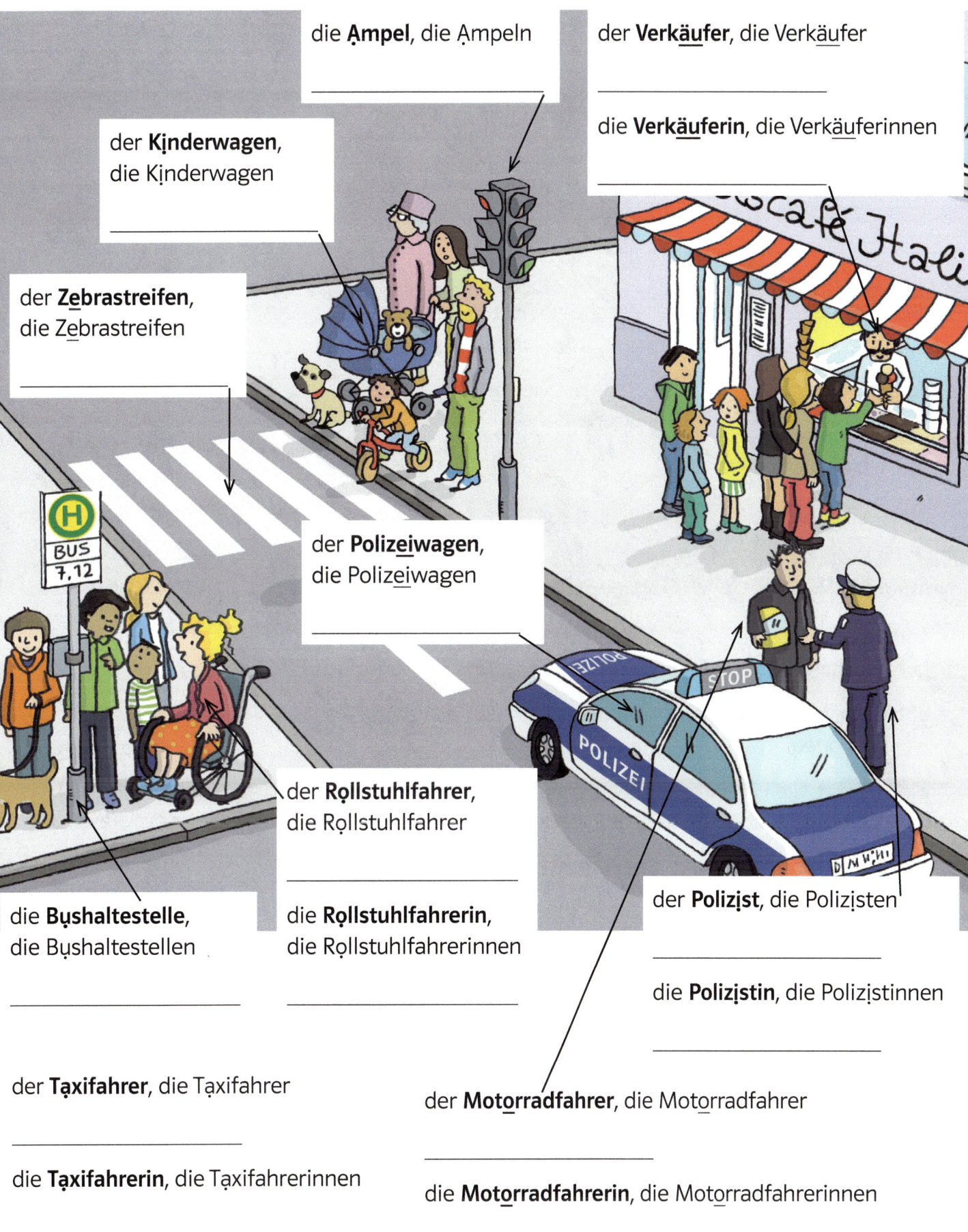

die **Ampel**, die Ampeln

_____

der **Verkäufer**, die Verkäufer

_____

die **Verkäuferin**, die Verkäuferinnen

_____

der **Kinderwagen**,
die Kinderwagen

_____

der **Zebrastreifen**,
die Zebrastreifen

_____

der **Polizeiwagen**,
die Polizeiwagen

_____

der **Rollstuhlfahrer**,
die Rollstuhlfahrer

_____

die **Rollstuhlfahrerin**,
die Rollstuhlfahrerinnen

_____

die **Bushaltestelle**,
die Bushaltestellen

_____

der **Polizist**, die Polizisten

_____

die **Polizistin**, die Polizistinnen

_____

der **Taxifahrer**, die Taxifahrer

_____

die **Taxifahrerin**, die Taxifahrerinnen

_____

der **Motorradfahrer**, die Motorradfahrer

_____

die **Motorradfahrerin**, die Motorradfahrerinnen

Sicher im Verkehr

Wem gehört ...?   Wem gehört der Hund?   _____

gehören, gehört, hat gehört   Der Hund gehört der Frau.   _____

der **Koffer**, die Koffer   _____

das **Fahrzeug**, die Fahrzeuge   Welches Fahrzeug nehmen wir: _____
den Bus oder den Zug?

der **Verkehr**   Heute ist viel Verkehr auf der   _____
Straße.

das **Schild**, die Schilder   _____

Stopp!   Stopp! Die Ampel ist rot.   _____

anhalten, hält an,   Wenn die Ampel Rot zeigt,   _____
hat angehalten   muss man anhalten.

abbiegen, biegt ab,   An der Ecke musst du rechts   _____
ist abgebogen   abbiegen.

die **Einfahrt**, die Einfahrten   Rechts ist die Einfahrt zum   _____
Parkhaus.

Das ist verboten.   Hier darfst du nicht parken,   _____
das ist verboten.

überqueren, überquert,   Bei Grün darfst du die Straße   _____
hat überquert   überqueren.

aussteigen, steigt aus,   Ich steige an der nächsten   _____
ist ausgestiegen   Haltestelle aus.

wegfahren, fährt weg,   Geh erst über die Straße, wenn   _____
ist weggefahren   der Bus weggefahren ist.

achten, achtet, hat geachtet   Achte auf den Verkehr.   _____

niemals	Geh niemals bei Rot über die Straße.	_____
aufpassen, passt auf, hat aufgepasst	Pass auf, wenn du über die Straße gehst.	_____
plötzlich	Plötzlich ist von rechts ein Auto gekommen.	_____
vorsichtig	Sei immer vorsichtig im Straßenverkehr!	_____

Mini-München

das **Kaufhaus**, die Kaufhäuser	Im Kaufhaus kann man alles kaufen.	_____
stattfinden, findet statt, hat stattgefunden	Das Projekt findet jedes Jahr statt.	_____
kostenlos	Die Teilnahme für Kinder ist kostenlos.	_____
der **Pass**, die Pässe	Jeder Mitspieler bekommt einen Pass.	_____
die **Spielregel**, die Spielregeln	Ich erkläre dir die Spielregeln.	_____
der **Job**, die Jobs	Das Arbeitsamt bietet Jobs an.	_____
studieren, studiert, hat studiert	An der Hochschule kann man studieren.	_____
verdienen, verdient, hat verdient	Karl arbeitet als Bäcker und verdient damit Geld.	_____
teilnehmen, nimmt teil, hat teilgenommen	Kinder können kostenlos am Projekt teilnehmen.	_____
ähnlich	Ähnliche Projekte gibt es in anderen Städten.	_____
die **Bank**, die Banken	Ich hole mein Geld von der Bank.	_____

die **Gärtnerei**, die Gärtnereien	In der Gärtnerei gibt es schöne Blumen.	_____
die **Post**	Die Post verteilt die Briefe.	_____
der **Brief**, die Briefe		_____
verteilen, verteilt, hat verteilt		_____
die **Zeitung**, die Zeitungen	Max schreibt Artikel für die Zeitung.	_____
die **Fabrik**, die Fabriken	Paul arbeitet in einer Fabrik.	_____
die **Mode**	In der Design-Werkstatt sieht man die neueste Mode.	_____
drucken, druckt, hat gedruckt	Wir malen und drucken ein Plakat.	_____
erfinden, erfindet, hat erfunden	Wir möchten ein neues Spiel erfinden.	_____
testen, testet, hat getestet	Ich teste das Spiel am Computer.	_____
nähen, näht, hat genäht	Aylin näht ihre eigene Tasche.	_____
deshalb	Es ist heiß, deshalb essen wir Eis.	_____

Meine Lieblingseisdiele

die **Eisdiele**, die Eisdielen	Gibt es eine Eisdiele in deiner Stadt?	_____
das **Eiscafé**, die Eiscafés	Das Eis schmeckt im Eiscafé Venezia am besten.	_____
teuer	Einen Euro die Kugel? Das ist teuer.	_____
die **Waffel**, die Waffeln	Eine Kugel Vanille in der Waffel, bitte!	_____

die **Vanịlle**　　　　　　Mein Lieblingseis ist Vanille.　　_____

die **Mạngo**, die Mạngos　　　　　　　　　　　　　　　_____

die **Zitrọne**, die Zitrọnen　　　　　　　　　　　　　_____

die **Ạnanas**, die Ạnanas　　　　　　　　　　　　　　_____

die **Erdbeere**, die Erdbeeren　　　　　　　　　　　　_____

die **Hịmbeere**, die Hịmbeeren　　　　　　　　　　　_____

die **Nụss**, die Nụsse　　　　　　　　　　　　　　　_____

die **Saụce**, die Saụcen　　　Ich nehme Vanilleeis mit　_____
　　　　　　　　　　　　　　Himbeersauce.

die **Sạhne**　　　　　　　Das Eis mit oder ohne Sahne?　_____

der **Eisbecher**, die Eisbecher　　　　　　　　　　　_____

der **Kạffee**, die Kạffees　　Möchten Sie einen　　　　_____
　　　　　　　　　　　　　　Kaffee?

der **Toast**, die Toasts　　　Ich nehme einen　　　　　_____
　　　　　　　　　　　　　　Toast Hawaii.

die **Sụppe**, die Sụppen　　　Ich habe keinen großen　　_____
　　　　　　　　　　　　　　Hunger, ich esse nur eine Suppe.

das **Getränk**, die Getränke | Möchten Sie ein Getränk zu der Suppe? | _____

das **Mineralwasser** | Ich nehme ein Mineralwasser. | _____

der **Milchshake**, die Milchshakes | | _____

die **Sorte**, die Sorten | Was ist deine Lieblings-eissorte? | _____

Tut mir leid. | | _____

Das Eis ist aus. | | _____

die **Speisekarte**, die Speisekarten | Bringen Sie uns bitte die Speisekarte. | _____

wählen, wählt, hat gewählt | Hast du schon gewählt? | _____

Ich hätte gern ... | Ich hätte gern eine Eisschokolade mit Sahne. | _____

In Ordnung. | | _____

sofort | Das Eis kommt sofort. | _____

zahlen, zahlt, hat gezahlt | Ich möchte zahlen. | _____

Das macht ... | Du hattest eine Eisschokolade. Das macht 3 Euro. | _____

das **Glas**, die Gläser | Ein Glas oder eine Flasche Wasser? | _____

Die Himmelsrichtungen

der **Norden**

_____

der **Westen**

_____

der **Osten**

_____

der **Süden**

_____

Hast du das gewusst?

die **Fläche**, die Flächen	Die Fläche der Schweiz ist kleiner als die Fläche Deutschlands.	_____
der **Quadratkilometer**, die Quadratkilometer (km²)	Die Schweiz ist etwa 40 000 km² groß.	_____
die **Million**, die Millionen	Die Schweiz hat 7,3 Millionen Einwohner.	_____
der **Einwohner**, die Einwohner		_____
der **Kanton**, die Kantone	Die Schweiz besteht aus 26 Kantonen.	_____
die **Hauptstadt**, die Hauptstädte	Die Hauptstadt ist Bern.	_____
das **Quiz**, die Quiz	Wie viele Fehler hattest du im Quiz?	_____
bestehen aus, besteht aus, hat bestanden aus	Die Schweiz besteht aus vielen Bergen.	_____
bekannt	Die Schweiz ist bekannt für leckeren Käse.	_____

weltberühmt	Schweizer Schokolade ist weltberühmt.	_____
das **Symbol**, die Symbole	Das Symbol der Schweiz ist das Matterhorn.	_____

die **Herstellung**	Die Käseherstellung ist für die Schweiz sehr wichtig.	_____
das **Loch**, die Löcher	Welcher Käse hat die meisten Löcher?	_____
verbinden, verbindet, hat verbunden	Die Straße verbindet zwei Städte.	_____
das **Gericht**, die Gerichte	Käsefondue ist ein beliebtes Gericht in der Schweiz.	_____
die **Frucht**, die Früchte	Ich mag Müsli mit Joghurt und Früchten.	_____
entwickeln, entwickelt, hat entwickelt	Ein Schweizer Arzt hat das Bircher-Müsli entwickelt.	_____
erfolgreich	Roger Federer ist sehr erfolgreich, er gewinnt oft im Tennis.	_____
die **Limonade**, die Limonaden	Schmeckt dir Limonade aus Früchten?	_____
probieren, probiert, hat probiert	Wenn du in der Schweiz bist, musst du die Schokolade probieren.	_____

Barry, der Lawinenhund

die **Law<u>i</u>ne**, die Law<u>i</u>nen   Eine Schneelawine in den Bergen ist für Wanderer sehr gefährlich. _____

der **H<u>e</u>ld**, die H<u>e</u>lden   Der Hund Barry war ein Held. _____

<u>i</u>rgend<u>ei</u>n   Barry war nicht irgendein Hund. _____

r<u>e</u>tten, r<u>e</u>ttet, r<u>e</u>ttete, hat ger<u>e</u>ttet   Er hat nämlich viele Menschen gerettet. _____

n<u>ä</u>mlich _____

das **F<u>e</u>ll**, die F<u>e</u>lle   Sein Fell war weiß-braun. _____

der **P<u>a</u>ss**, die P<u>ä</u>sse   Ein Bergübergang in den Alpen ist ein Pass. _____

der **M<u>ö</u>nch**, die M<u>ö</u>nche _____

z<u>ü</u>chten, z<u>ü</u>chtet, z<u>ü</u>chtete, hat gez<u>ü</u>chtet   Die Mönche züchteten Hunde. _____

k<u>au</u>m   In den Bergen gab es früher kaum Straßen. _____

versch<u>ü</u>tten, versch<u>ü</u>ttet, versch<u>ü</u>ttete, hat versch<u>ü</u>ttet   Eine Lawine verschüttet die Menschen. _____

befr<u>ei</u>en, befr<u>ei</u>t, befr<u>ei</u>te, hat befr<u>ei</u>t   Hunde befreien die Menschen aus dem Schnee. _____

der **T<u>o</u>d**, die T<u>o</u>de   Auch nach seinem Tod ist Barry noch in der Schweiz bekannt. _____

die **Ausstellung**, die Ausstellungen	Im Museum gab es eine Ausstellung über Barry.	_____
damals	Damals gab es keine guten Straßen.	_____
kräftig	Bernhardiner sind groß und kräftig.	_____
freundlich	Die meisten Hunde sind freundlich,	_____
treu	treu und kinderlieb.	_____
kinderlieb		_____
geduldig	Unser Lehrer erklärt alles geduldig.	_____
intelligent	Pferde sind sehr intelligent.	_____
dicht	Das Fell von Bernhardinern ist sehr dicht.	_____
der **Beschützer**, die Beschützer	Bernhardiner sind geeignet als Beschützer. Sie beschützen die Menschen vor Gefahren.	_____
die **Rettung**, die Rettungen	Der Hund Barry war für viele Menschen die Rettung.	_____
Achtung!	Achtung, die Ampel ist rot!	_____

Schokolade früher und heute

seit	Seit mehr als 3000 Jahren gibt es Schokolade.	_____

kennen, kennt, kannte, hat gekannt	Kennst du Schweizer Schokolade?	_____
der **Pfeffer**	Pfeffer ist scharf.	_____
bitter	Kaffee schmeckt bitter.	_____

nẹnnen, nẹnnt, nạnnte, hat genạnnt	Wie nannten die Azteken Trinkschokolade?	_____
das **Jahrhụndert**, die Jahrhụnderte	Seit dem 16. Jahrhundert gibt es Kakao in Europa.	_____
erọbern, erọbert, erọberte, hat erọbert	Spanien eroberte das Land der Indianer.	_____
spạnisch	Spanische Seefahrer brachten Kakaobohnen nach Europa.	_____
der **Seefahrer**, die Seefahrer		_____
die **Kakạobohne**, die Kakạobohnen		_____
das **Rezẹpt**, die Rezẹpte	Die Spanier hatten ein neues Rezept für den Kakao.	_____
ạ̈ndern, ạ̈ndert, ạ̈nderte, hat geạ̈ndert	Sie änderten das Rezept.	_____
rụ̈hren, rụ̈hrt, rụ̈hrte, hat gerụ̈hrt	Sie rührten Zucker und Vanille in die Trinkschokolade.	_____
der **Zụcker**		_____
sụ̈ß	Schokolade schmeckt süß.	_____
dauern, dạuert, dạuerte, hat gedạuert	Eine Stunde dauert 60 Minuten.	_____
ẹinige	Es dauerte noch einige Jahre bis zur ersten Schokoladentafel.	_____

schmẹlzen, schmịlzt, schmọlz, ist geschmọlzen	Schokolade schmilzt bei Wärme.	_____
die **Erfịndung**, die Erfịndungen	Die Erfindung von Lindt verwendet man bis heute.	_____
die **Maschịne**, die Maschịnen	Die Maschine rührt Schokolade stundenlang.	_____

die **Manufaktur**,
die Manufakturen

Wann eröffneten die ersten
Schokoladenmanufakturen?

_____

eröffnen, eröffnet,
eröffnete, hat eröffnet

_____

etwa

Vor etwa 130 Jahren erfand
man das Auto.

_____

die **Sachertorte**,
die Sachertorten

_____

der **Lolli**, die Lollis

_____

der **Kaugummi**,
die Kaugummis

_____

das **Gummibärchen,**
die Gummibärchen

_____

der **Tourist**, die Touristen

Die Sachertorte ist bei Touristen
in Wien sehr beliebt.

_____

langsam

Sprechen Sie bitte langsam.

_____

die **Zunge**, die Zungen

Die Schokolade schmilzt auf
der Zunge.

_____

der **Ritter**, die Ritter

_____

der **König**, die Könige

_____

die **Königin**, die Königinnen

_____

der **Wächter**, die Wächter

_____

bewachen, bewacht, bewachte, hat bewacht

Der Wächter bewacht die Stadt.

_____

die **Kutsche**, die Kutschen

_____

die **Krone**, die Kronen

Der König trägt eine Krone.

_____

das **Wappen**, die Wappen

Der Ritter trägt ein Wappen.

_____

die **Lanze**, die Lanzen

Der Wächter hat eine Lanze.

_____

So lebten die Ritter

das **Mittelalter**

Die Ritter lebten im Mittelalter.

_____

die **Universität** (Uni), die Universitäten

Nach der Schule möchte Max an einer Universität studieren.

_____

die **Rüstung**, die Rüstungen

Der Ritter trägt eine Rüstung.

_____

beschützen, beschützt, beschützte, hat beschützt

Der Ritter beschützt den König.

_____

Krieg führen, führt, führte, hat geführt

Die Könige führten im Mittelalter viele Kriege.

_____

die **Kerze**, die Kerzen	Früher gab es keine Lampen, nur Kerzen.	_____
das **Licht**	Die Burgen waren dunkel und es gab wenig Licht.	_____
der **Festsaal**, die Festsäle	Die Zimmer waren klein, nur der Festsaal war groß.	_____
der **Wein**, die Weine	Die Ritter tranken Wein und Bier.	_____
das **Bier**, die Biere		_____
das **Obst**	Äpfel und Bananen sind Obst.	_____
das **Gemüse**	Kartoffeln und Möhren sind Gemüse.	_____
das **Gewürz**, die Gewürze	Salz und Pfeffer sind Gewürze.	_____
das **Salz**	Früher hat man das Essen nur mit Salz gewürzt.	_____
würzen, würzt, würzte, hat gewürzt		_____
kämpfen, kämpft, kämpfte, hat gekämpft	Der Ritter kämpft mit einem Schwert.	_____

Die Ritterausrüstung

das **Hemd**, die Hemden

der **Schild**, die Schilde

der **Handschuh**, die Handschuhe

das **Schwert**, die Schwerter

der **Pfeil**, die Pfeile	Der Schild schützt vor Pfeilen.	_____
gegeneinander	Die Ritter kämpften gegeneinander.	_____

erkennen, erkennt, erkannte, hat erkannt

Einen Ritter erkennt man an seinem Wappen.

_____

das Burgfräulein, die Burgfräulein

Das Burgfräulein wohnte in der Burg.

_____

Es war einmal . . .

das Märchen, die Märchen

„Aschenputtel" ist ein Märchen.

_____

zufrieden

Ein Mann lebte zufrieden mit seiner Familie.

_____

doch

Doch seine Frau wurde sehr krank.

_____

sterben, stirbt, starb, ist gestorben

Die Frau starb.

_____

pflanzen, pflanzt, pflanzte, hat gepflanzt

Das Mädchen pflanzte einen Baum auf das Grab.

_____

das Grab, die Gräber

_____

die Träne, die Tränen

Das Mädchen hatte erst Tränen in den Augen, dann weinte sie.

_____

heiraten, heiratet, heiratete, hat geheiratet

Der Mann heiratete eine andere Frau.

_____

die Stiefmutter, die Stiefmütter

Die zweite Frau ist die Stiefmutter von Aschenputtel.

_____

böse

Die Stiefmutter war böse.

_____

arm

Das arme Mädchen musste den ganzen Tag arbeiten.

_____

die Asche

Im Feuer wird aus Holz Asche.

_____

schmutzig

Das Mädchen schlief in der Asche und wurde ganz schmutzig.

_____

die **Braut**, die Bräute	Der Prinz soll sich eine Braut aussuchen und sie heiraten.	_____
aussuchen, sucht aus, suchte aus, hat ausgesucht		_____
anziehen, zieht an, zog an, hat angezogen	Die Schwestern zogen lange Kleider für das Fest an.	_____
wunderschön	Aschenputtel sah wunderschön aus.	_____
als	Als Aschenputtel zum Fest kam, erkannte es niemand.	_____
rufen, ruft, rief, hat gerufen	Aschenputtel rief die Vögel zu Hilfe.	_____
das **Gold**	Der Ring ist aus Gold.	_____
das **Silber**	Das Armband ist aus Silber.	_____
fremd	Niemand kannte die fremde Prinzessin.	_____
unbekannt	Der Prinz tanzte mit der unbekannten Prinzessin.	_____
schlagen, schlägt, schlug, hat geschlagen	Die Uhr schlägt zwölf.	_____
der **Bote**, die Boten	Der Bote brachte den Schuh zu den Stiefschwestern.	_____
passen, passt, passte, hat gepasst	Die Stiefschwestern probierten den Schuh, aber er passte nicht.	_____

versuchen, versucht, versuchte, hat versucht	Sie versuchten es, aber es klappte nicht.	_____

die **Hochzeit**,
die Hochzeiten

Der Prinz und Aschenputtel
feierten Hochzeit.

_____

das **Volk,** die Völker

Der König gab ein Fest für das
ganze Volk.

_____

Theater spielen

die **Theatergruppe**,
die Theatergruppen

Lina spielt in der Theatergruppe
mit.

_____

die **Vorstellung**,
die Vorstellungen

Die Theatervorstellung fängt
um 17 Uhr an.

_____

das **Theaterstück**,
die Theaterstücke

Die Theatergruppe spielt das
Theaterstück „Der kleine Prinz".

_____

proben, probt, probte,
hat geprobt

Die Theatergruppe probt jede
Woche.

_____

die **Rolle**, die Rollen

Max übt seine Rolle. Er spielt
den König.

_____

das **Publikum**

Das Publikum klatscht zum
Schluss.

_____

die **Bühne**, die Bühnen

Die Schauspieler stehen auf
der Bühne.

_____

die **Stimme**, die Stimmen

Man braucht eine laute
Stimme zum Theaterspielen.

_____

das **Lampenfieber**

Wenn Lisa auf der Bühne steht,
hat sie Lampenfieber.

_____

das **Gefühl**, die Gefühle

Wenn das Publikum klatscht,
ist das ein tolles Gefühl.

_____

aufgeregt   Lisa ist vor der Vorstellung
                                                immer aufgeregt.

gründen, gründet,   Der Deutschlehrer gründete
gründete, hat gegründet   an der Schule eine
                                                Theatergruppe.

die **Hexe**, die Hexen

der **Fuchs**, die Füchse

schlau   Der Fuchs ist schlau.

der **Zauberer**, die Zauberer

mächtig   Der Zauberer ist mächtig.

das **Gespenst**, die Gespenster

reich   Der König ist reich.

die **Fee**, die Feen

die **Zeitschrift**, | Ida liest eine Zeitschrift. | _____
die Zeitschriften

surfen, surft, surfte, | Jonas surft im Internet. | _____
hat gesurft

die **Kurznachricht**, | Paul schreibt eine Kurznach- | _____
die Kurznachrichten | richt an Jonas und verschickt sie.

verschicken, verschickt, | _____
verschickte, hat verschickt

selten | Jeden Tag schreibe ich | _____
| Kurznachrichten. Nur selten
| schreibe ich E-Mails.

die **Serie**, die Serien | Die Filmserie kommt jede | _____
| Woche einmal.

Radio für Kinder

der **Sender**, die Sender | Was ist dein Lieblingssender | _____
| im Radio?

die **Sendung**, die Sendungen | Welche Sendung läuft | _____
gerade | gerade im Radio? | _____

die **Nachrichten** (Pl.) | Die Nachrichten berichten, | _____
| was in der Welt passiert.

aktuell | Im Radio gibt es jede Stunde | _____
| aktuelle Nachrichten.

die **App**, die Apps | Die App kann man auf das | _____
| Smartphone herunterladen.
das **Smartphone**, | _____
die Smartphones

herunterladen, lädt herunter,
lud herunter,
hat heruntergeladen

die **Welt**, die Welten	Was ist heute in der Welt passiert?
Was für ein/e ...?	Was für einen Film möchtest du sehen?
der **Bericht**, die Berichte	Jetzt kommt ein Bericht über die Antarktis.
die **Meldung**, die Meldungen	Nach den Nachrichten kommen die Verkehrsmeldungen.
senden, sendet, sendete, hat gesendet	Das Radio sendet viel Musik.
das **Thema**, die Themen	Das ist eine Sendung zum Thema Technik.
kompliziert	Die Sendung erklärt komplizierte Themen aus der Wissenschaft ganz einfach.
die **Wissenschaft**, die Wissenschaften	
die **Umwelt**	Der Bericht ist über Natur und Umwelt.
der **Mix**, die Mixe	Rap, Jazz oder Pop – im bunten Musikmix läuft alles.

Was läuft im Fernsehen?

Was läuft im Fernsehen?

das **Ereignis**, die Ereignisse	Die Nachrichten informieren über aktuelle Ereignisse.
informieren, informiert, informierte, hat informiert	
präsentieren, präsentiert, präsentierte, hat präsentiert	Die Sendung präsentiert Themen aus der Politik.

die **Politik** _____

ab 14 Jahren   Der Film ist erst ab 14 Jahren. _____

das **Magazin**, die Magazine   „Wissen macht Ah!" ist ein Magazin für Kinder. _____

leiten, leitet, leitete, hat geleitet   Der Moderator leitet die Sendung. _____

der **Moderator**, die Moderatoren _____

die **Moderatorin**, die Moderatorinnen _____

beantworten, beantwortet, beantwortete, hat beantwortet   Der Moderator beantwortet die Fragen. _____

das **Internat**, die Internate   Der Film zeigt das Leben von Schülern auf einem Internat. _____

unternehmen, unternimmt unternahm, hat unternommen   Die Schüler unternehmen spannende Reisen. _____

die **Technik**   Das ist eine Sendung über Technik. _____

politisch   Nachrichten müssen politische Themen verständlich präsentieren. _____

verständlich _____

die **Filmfigur**, die Filmfiguren   Garfield ist eine bekannte Filmfigur. _____

fett   Garfield isst viel. Er ist fett. _____

faul   Garfield liegt den ganzen Tag herum. Er ist ganz faul. _____

der **Humor**   Der Film ist witzig. Er hat viel Humor. _____

die **Show**, die Sh<u>ow</u>s | In der Quizshow muss man Fragen beantworten. | _____

bes<u>o</u>nders | Die Show hat mir besonders gut gefallen. | _____

Nur noch ein Spiel ...

<u>au</u>sschalten, schaltet <u>au</u>s, schaltete <u>au</u>s, hat <u>au</u>sgeschaltet | Die Sendung ist zu Ende, ich schalte den Fernseher aus. | _____

s<u>ü</u>chtig | Mark will immer spielen, er ist süchtig nach dem Spiel. | _____

ch<u>a</u>tten, ch<u>a</u>ttet, ch<u>a</u>ttete, hat gech<u>a</u>ttet | Mona chattet viel mit Freunden. | _____

die **Langew<u>ei</u>le** | Bei diesem Spiel vergeht die Zeit schnell. Es gibt keine Langeweile. | _____

der **Alkoh<u>o</u>l** | Bier und Wein sind Alkohol. | _____

die **Zigar<u>e</u>tte**, die Zigar<u>e</u>tten | Alkohol und Zigaretten können süchtig machen. | _____

r<u>e</u>chtzeitig | Schalte den Computer rechtzeitig aus und sei nicht stundenlang online. | _____

st<u>u</u>ndenlang | Mark spielt nach der Schule stundenlang am Computer. | _____

der **B<u>i</u>ldschirm**, die B<u>i</u>ldschirme | Er sitzt vor dem Bildschirm. | _____

interess<u>ie</u>ren, interess<u>ie</u>rt, interess<u>ie</u>rte, hat interess<u>ie</u>rt | Andere Hobbys interessieren ihn nicht mehr. | _____

s<u>o</u>llen, s<u>o</u>ll, s<u>o</u>llte | Was soll ich machen? | _____

verb<u>ie</u>ten, verb<u>ie</u>tet, verb<u>o</u>t, hat verb<u>o</u>ten | Soll ich den Computer verbieten? | _____

die **Liste**, die Listen	Schreib vor dem Einkaufen eine Liste.	_____
den **Wecker stellen**, stellt, stellte, hat gestellt,	Stell den Wecker und halte die Zeiten ein.	_____
einhalten, hält ein, hielt ein, hat eingehalten		_____
rausgehen, geht raus, ging raus, ist rausgegangen	Ich gehe jetzt raus und fahre Fahrrad.	_____
pünktlich	Der Zug kommt nicht pünktlich an.	_____
der **Zahnarzt**, die Zahnärzte	Mein Zahn tut weh, ich muss zum Zahnarzt.	_____
das **Mittagessen**, die Mittagessen	Um 12 Uhr gibt es Mittagessen.	_____
Guten Appetit!		_____
häufig	Wie häufig surfst du im Internet?	_____

die **Uniform**, die Uniformen	Die Schüler tragen eine Schuluniform.	_____
das **Zeugnis**, die Zeugnisse	Vor den Sommerferien bekommen die Schüler ein Zeugnis.	_____
der **Chor**, die Chöre	Singst du im Chor?	_____
die **Tafel**, die Tafeln	Die Lehrerin schreibt an die Tafel.	_____

Schule woanders

woanders	Wie ist die Schule in England? Oder woanders?	_____
der **Buchstabe**, die Buchstaben	Die Buchstaben lernt man in der ersten Klasse.	_____
sitzen bleiben, bleibt sitzen, blieb sitzen, ist sitzen geblieben	Wenn man sitzen bleibt, muss man die Klasse wiederholen.	_____
die **Grundschule**, die Grundschulen	Alle Schüler gehen zuerst in die Grundschule.	_____
die **weiterführende Schule**	Nach der Grundschule besucht man eine weiterführende Schule.	_____
die **Prüfung**, die Prüfungen	Ich lerne für die Matheprüfung.	_____
der **Stress**	Vor Prüfungen hat man Stress.	_____
sondern	Luiz bekommt keine Noten, sondern Punkte.	_____
der **Punkt**, die Punkte		_____
Ich bin dagegen.	Ich bin dagegen, dass es Noten gibt.	_____
Ich bin dafür.	Ich bin dafür, dass die Schule früher aus ist.	_____
das **Klingelzeichen**, die Klingelzeichen	Die Schüler warten auf das Klingelzeichen. Dann ist die Stunde zu Ende.	_____

Bestanden!

die **Information**,
die Informationen
    Im Internet sucht man nach Informationen.
_____

schriftlich
    Ist die Prüfung schriftlich oder mündlich?
_____

der **Teil**, die Teile
    Der schriftliche Teil ist nicht schwer.
_____

die **Datei**, die Dateien
    Ich lade die Datei aus dem Internet herunter.
_____

die **Prüfung bestehen**,
besteht, bestand,
hat bestanden
    Glückwunsch, du hast die Prüfung bestanden!
_____

vorbereiten, bereitet vor,
bereitete vor, hat vorbereitet
    Der Lehrer bereitet die Schüler auf die Prüfung vor.
_____

die **Theorie**
    Bei der Fahrradprüfung lernt man erst die Theorie und

die **Praxis**
    dann die Praxis.
_____

theoretisch
    Die theoretische Prüfung schreiben wir am Computer.
_____

praktisch
    Die praktische Prüfung leiten Polizisten.
_____

neugierig
    Vor dem ersten Training waren wir neugierig.
_____

denn
    Wir üben das Fahrradfahren, denn wir sollen im Verkehr sicher fahren.
_____

die **Gefahr**, die Gefahren
    Im Straßenverkehr gibt es viele Gefahren.
_____

vermeiden, vermeidet,
vermied, hat vermieden
    Sicheres Fahren ist wichtig, weil man so Unfälle vermeiden kann.
_____

die **Sicherheit**	Zur Sicherheit soll man einen Helm tragen.	_____
die **Wiederholung**, die Wiederholungen	Die Wiederholung der Prüfung ist möglich.	_____
möglich		_____
das **Gespräch**, die Gespräche	Wir danken für das Gespräch.	_____

Wir treffen uns in der Schule

sich freuen, freut s., freute s., hat s. gefreut	Ich freue mich, weil ich meine beste Freundin sehe.	_____
sich treffen, trifft s., traf s., hat s. getroffen	Um 16 Uhr treffe ich mich mit meinen Freunden.	_____
sich ärgern, ärgert s., ärgerte s., hat s. geärgert	Ich ärgere mich, denn ich habe eine schlechte Note bekommen.	_____
sich langweilen, langweilt s., langweilte s., hat s. gelangweilt	Max langweilt sich, weil er mit den Matheaufgaben schon fertig ist.	_____
die **Geschichte**	Welches Fach findest du interessanter: Geschichte oder Biologie?	_____
die **Biologie**		_____
Kannst du am Freitag?		_____
Das passt mir.		_____
Wo treffen wir uns?		_____
der **Treffpunkt**, die Treffpunkte	Der Marktplatz ist ein beliebter Treffpunkt.	_____